LES DEVOIRS

DU

PATRIOTISME CHRÉTIEN.

LES DEVOIRS

DU

PATRIOTISME CHRÉTIEN

DISCOURS

Prononcé dans le temple de Toulouse,
le 6 novembre 1870,

Par E. CASTEL, pasteur,

AUMÔNIER DU LYCÉE.

Se vend au profit des soldats blessés.

TOULOUSE,

IMPRIMERIE A. CHAUVIN ET FILS,

3, RUE MIREPOIX, 3.

ET CHEZ TOUS LES LIBRAIRES PROTESTANTS.

—

1870

Ce discours, qui n'avait pas été préparé en vue de l'impression, a été rédigé un peu à la hâte, sur la demande d'un certain nombre de membres de l'Eglise, qui en ont jugé la publication opportune. Tel qu'il est, et malgré les lacunes et les imperfections qu'il présente, puisse-t-il servir la double et excellente cause du patriotisme et de la charité chrétienne !

Toulouse. le 10 novembre 1870.

E. CASTEL.

LES DEVOIRS

DU

PATRIOTISME CHRÉTIEN.

> Sacrifiez des sacrifices de justice, et confiez-vous en l'Eternel.
>
> (PSAUME IV, 6.)

MES FRÈRES,

L'anniversaire de la Réformation française doit emprunter cette année aux circonstances nouvelles et douloureuses que nous traversons un caractère particulier (1). Sans doute, notre devoir est d'écarter autant que possible de la chaire chrétienne les questions qui touchent à la politique; mais comment pourrions-nous en bannir aujourd'hui les préoccupations et les tristesses patriotiques dont tous nos cœurs sont remplis? Comment surtout n'y apporterions-nous pas le sentiment et l'expression des

---

(1) Les Eglises réformées célèbrent tous les ans, le premier dimanche de novembre, l'anniversaire de la Réformation. C'est à cette occasion que ce sermon a été prononcé (6 novembre 1870).

obligations sacrées que nous imposent les malheurs de la patrie ?

Ces devoirs, mes frères, il nous importe doublement, à nous protestants français, de les accomplir avec une courageuse fidélité. Des hommes qui probablement ne savent pas assez à quel point la conscience chrétienne élève le disciple de l'Evangile au-dessus des considérations et des passions ecclésiastiques, nous ont placés, dès le début des hostilités, sous le coup d'une présomption d'infidélité ou de tiédeur, en ce qui concerne les grands devoirs du patriotisme. Il leur semblait qu'en lutte avec une puissance protestante, la France ne pouvait pas compter sur le dévouement de tous ses enfants protestants.

Déjà bien des voix, sorties de nos rangs, ont proclamé que c'était là une défiance aveugle et injuste. Nous avons à cœur de le répéter et de le prouver aujourd'hui.

Sans doute, ce n'est jamais sans douleur qu'on se voit contraint d'élever contre des coreligionnaires les revendications de la vérité ou de la justice. Mais la justice et la vérité trouvent dans les libres disciples de l'Evangile des serviteurs fidèles, toujours prêts à combattre l'erreur et l'iniquité, quels que soient les hommes qui s'y adonnent. Sur ce terrain, nos amis, nos proches mêmes peuvent devenir nos adversaires. La lutte dans l'intérêt de la vérité ou de la justice est toujours sacrée, et tout homme de conscience et de cœur doit s'y porter avec un dévouement qui ne connaisse d'autres limites que celles de la charité.

Sans doute encore, nous en ferons aussi l'aveu,
il y a un patriotisme qui n'est pas chrétien et que
nous ne partageons pas : étroit et jaloux, turbu-
lent et cupide, ambitieux de conquêtes et dédai-
gneux pour l'étranger. Mais le patriotisme en lui-
même n'en est pas moins un sentiment naturel,
instinctif, gravé dans le cœur de l'homme par la
main de Dieu ; un sentiment que le christianisme
transforme, épure, élève, mais ne détruit pas.
C'est assez dire que pour nous il y a un patriotisme
chrétien.

Oui, la patrie, c'est-à-dire la société dont nous
parlons la langue et dont nous partageons les ha-
bitudes et les mœurs ; la terre qui a reçu notre
berceau, qui nous a nourris de ses produits, et qui
garde dans son sein les ossements de nos pères
jusqu'au jour de la grande résurrection ; la patrie,
c'est-à-dire toutes ces traditions de famille et toute
cette histoire nationale qui constituent pour une
si grande part notre vie intellectuelle et morale ;
la patrie, cette seconde mère, cette famille agran-
die, l'Evangile, qui sanctionne et sanctifie toutes
nos obligations, nous appelle à l'aimer et à la servir. Quels que soient nos sentiments et nos devoirs
fraternels envers tous les hommes, nous avons des
obligations particulières envers le pays dont nous
sommes les citoyens et au sein duquel Dieu nous
appelle à remplir notre mission. Oui, il y a un
patriotisme chrétien.

Ce patriotisme, nous y serons toujours fidèles ;
et je désire vous montrer en ce moment, mes frères, que nous n'y pouvons qu'être encouragés par

l'exemple que nos pères nous ont légué, aussi bien que par la parole dont j'ai fait le texte de ce discours : « Sacrifiez des sacrifices de justice, et confiez-vous en l'Eternel. »

Nos pères, dont nous commémorons le souvenir, une fois persuadés que la vérité les obligeait à faire la grande œuvre de la Réformation, furent sans réserve les hommes de la bonne cause. Chez eux, point de scepticisme, pas plus pratique que théorique, pas plus moral qu'intellectuel. Proclamer l'Evangile, tel qu'ils le lisaient, le comprenaient et le sentaient ; appeler toute conscience et toute âme d'homme à se mettre directement et immédiatement en contact avec lui, et par lui avec Christ et avec Dieu : telle est la mission à laquelle ils se sentirent invinciblement appelés ; et dès qu'ils en eurent compris la grandeur et l'excellence, ils s'y consacrèrent sans partage. Hommes de principes, serviteurs d'une cause sur la justice de laquelle ils n'avaient point de doute, ils ne calculèrent pas les conséquences de leur dévouement. Voilà pourquoi il a été fécond, et pourquoi aussi nous devons nous en inspirer aujourd'hui.

Entre eux et nous, en effet, il y a cela de commun, qu'une grande cause, une cause juste et sacrée réclame notre concours : c'est la cause de la délivrance nationale.

Ah ! je n'hésite pas à le dire, s'il s'agissait pour nous d'envahissements et de conquêtes, ou seulement du refus d'une paix honorable offerte à la

France, notre cause ne m'apparaîtrait plus comme appuyée sur les principes inébranlables de la justice. Avouons même que, dès le début, elle se présentait avec des caractères bien différents de ceux qui la distinguent aujourd'hui. Ne s'agissait-il pas alors de voler au delà de nos frontières?... Mais que de changements survenus depuis trois mois! De notre côté, ce ne sont plus les mêmes combattants, ce n'est plus la même armée, ce ne sont plus les mêmes principes de gouvernement, ni les mêmes intérêts; un seul intérêt nous inspire et nous anime : la défense de nos foyers, la délivrance de notre territoire. Si nous demandons à Dieu la victoire pour nos armées, ce n'est point afin d'aller, à notre tour, porter au delà du Rhin le fer et le feu, mais dans l'espoir de voir bientôt une paix honorable et de longue durée s'établir entre les deux nations qui s'entre-choquent aujourd'hui. Voilà pourquoi notre cause est la bonne cause, la cause de la justice, et pourquoi la guerre, devenue pour nous purement défensive, prend en quelque sorte à nos yeux un caractère sacré.

Sous quels traits bien différents se présente, au contraire, la cause de notre ennemi! Après avoir beaucoup tenu, dans le principe, à n'être pas, ou, du moins, à ne point paraître le provocateur, il est devenu tout à coup, à la tête d'une armée telle que le monde n'en avait jamais vue, envahisseur et spoliateur. Ce n'est point assez pour lui d'avoir vaincu : il faut qu'il conquière des populations dont le cœur est français, et qu'il les courbe sous le joug comme un vil troupeau. Une telle cause est-elle juste devant les hommes et devant Dieu?

N'avait-on pas d'ailleurs proclamé, en mettant le pied sur le sol de la France, qu'on ne faisait la guerre qu'à l'armée et qu'on respecterait les populations? Or, comment les populations ont-elles été respectées? Où sont leurs biens? On les leur a pris. Où est leur liberté? On les a contraints de travailler pour l'ennemi, et voués à tous les supplices, quand ils ont levé le bras pour leur patrie. Est-ce là de la fidélité à la parole donnée? Une telle cause n'est-elle point celle de l'iniquité?

Et cette guerre est conduite par un souverain qui se dit évangélique! Ah! sa responsabilité n'en est que plus grande devant Dieu, et l'iniquité de la lutte qu'il poursuit n'en devient que plus odieuse aux yeux de tous les disciples de Jésus.

Je sais bien que l'Allemagne me répondrait qu'il s'agit pour elle, en nous affaiblissant décidément, d'assurer la paix de l'avenir. Etrange illusion! Est-ce en poussant un grand peuple au désespoir, en lui ravissant des provinces qui lui sont chères, en lui faisant au flanc une plaie cuisante, qu'on espère le condamner au repos?...

Je sais bien aussi qu'on parle de notre légéreté coupable, de notre corruption profonde, et que plus d'un chrétien d'outre-Rhin, considérant peut-être les événements actuels comme l'accomplissement de quelques prophéties bibliques, justifie à ses propres yeux l'excès de nos maux par la mission que l'armée allemande aurait reçue de nous châtier.

J'ignore, mes frères, et nul ne peut savoir encore avec certitude, s'il s'accomplit en nos jours quelque grande prophétie. Mais ce que je sais bien, c'est qu'un roi chrétien n'a pas le droit de s'attribuer à lui-même la mission de *fléau de Dieu;* ce que je sais, c'est qu'au-dessus de toute prophétie, de tout système et de toute doctrine, il y a la grande loi morale proclamée sur le Sinaï, gravée profondément dans la conscience humaine, confirmée et développée par l'Evangile; et ce n'est pas en la foulant soi-même aux pieds, comme le ferait un peuple de barbares, qu'on en ramènera le respect au sein des nations qui peuvent l'avoir oubliée. Ah! je le sais bien, la France la première a ravagé l'Allemagne moderne, et, après avoir bu trop longtemps à la coupe de la gloire militaire, elle a fini par présenter au monde le spectacle d'une grande et triste décomposition morale. Mais le crime ne justifie jamais le crime. On ne convertit pas les peuples par de cruelles représailles, et on ne leur fait pas accepter l'Evangile en les écrasant sous le poids d'une innombrable armée.

Non, telle n'est pas la mission d'un souverain chrétien. Les leçons de morale dont notre chère France a tant de besoin, ce n'est point du canon d'acier que sa fierté consentira jamais à les recevoir. Montrez-lui plutôt ce que peut l'Evangile pour amollir les cœurs, les incliner à la clémence, à la justice, à la paix. Nous connaissons votre force; faites-nous connaître maintenant votre douceur et votre équité. Alors votre cause deviendra la bonne cause. Mais tant que vous persisterez à enfoncer si profondément l'empreinte sanglante de votre pied dans le sol français, tant que de votre épée victorieuse vous voudrez déchirer ce commandement divin : « Tu ne déroberas point, » les Eglises réformées de France laisseront éclater leur indignation avec leur douleur; armées de la force du droit contre votre droit de la force, elles condamneront, au nom de l'Evangile, l'œuvre que vous accomplissez, et elles proclameront à la face du monde qu'elles protestent contre l'esprit qui vous anime, et qu'elles professent une autre politique, une autre morale et d'autres sentiments religieux.

Mes frères, tout homme qui veut être invariablement l'homme de la justice et de la vérité doit se résigner à être aussi l'homme du sacrifice. Tels furent nos pères. Entièrement dévoués à la bonne et juste cause de la fidélité et de la liberté évangéliques, ils firent pour elles des sacrifices immenses. Celui de leur liberté : on les jetait en prison, dans les cachots; ils protestaient d'autant plus de leur attachement à l'Evangile et à Jésus-Christ. Celui de leur réputation : on faisait peser sur eux des accusations infamantes; ils se reposaient sur leur conscience, sur la justice de Dieu et sur le jugement de l'avenir. Celui de leurs biens terrestres : ils estimaient mieux les biens célestes, qui sont permanents. Celui de leur vie : ils déclaraient, comme saint Paul (Actes, XX, 24), que leur existence d'ici-bas ne leur était point précieuse, et ils marchaient à la mort résolûment, se rappelant que « le sang des martyrs est la semence de l'Eglise. »

Et ces sacrifices ne durèrent pas quelques mois seulement. Pendant les quarante premières années de la Réforme française, nos pères subirent avec une patience d'agneaux un martyre continuellement renouvelé. Puis leur bras s'arma pour la défense de leurs frères et de la liberté de conscience : nouveau sacrifice, car quelle douleur pouvait être plus grande pour eux que celle de porter les armes contre leurs propres concitoyens ? Mais ils avaient la persuasion qu'ils accomplissaient leur devoir, et leur conscience était plus forte que leur douleur.

Mes frères, à leur exemple, montrons-nous aujourd'hui des hommes de sacrifice.

Et d'abord, soyons prêts à faire pour la paix tous les sacrifices compatibles avec l'honneur national et avec le maintien des principes éternels de la justice et du droit. Disciples de l'Evangile, nous devons être des hommes de paix et ne reculer devant aucun des moyens légitimes et honorables de la rétablir et de la conserver. « S'il se peut faire, » nous dit saint Paul, « et autant qu'il dépend de vous, ayez la paix avec tous les hommes. » Point de haine aveugle, point d'entraînement d'animosité. Oublions les injures, pardonnons les offenses, et que nul sentiment ne domine en nous l'amour de la paix, si ce n'est l'amour de la justice, c'est-à-dire l'amour de Dieu.

Mais si la paix n'est pas possible, acceptons

résolûment les sacrifices de la guerre. Ah ! la guerre, nous la détestons de tout notre cœur. N'est-elle pas le renversement même des lois morales et de l'Evangile ! N'est-ce pas le crime régularisé, organisé ; le péché prémédité en grand, élevé à la hauteur d'une institution internationale et placé sous la sanction des pouvoirs souverains des Etats ? Mais, nous le reconnaissons, il est des cas dans lesquels la guerre est inévitable. C'est un mal qu'il faut subir. A moins de déclarer systématiquement qu'il n'y a point de cas de légitime défense ; à moins de condamner indifféremment toute participation à toute lutte entre les hommes ; à moins de trouver mauvaises de tous points toutes les guerres de l'Ancienne Alliance, toutes les prises d'armes de nos pères, et cette grande lutte du nouveau monde dont l'abolition de l'esclavage a été le but et le résultat ; à moins de soutenir qu'en aucun cas il n'est permis de lever le bras pour la défense du faible contre le fort et de l'opprimé contre l'oppresseur, il faut bien reconnaître qu'il peut venir un moment où le devoir de tous est de marcher contre l'ennemi commun, et de dresser un rempart de poitrines humaines entre le spoliateur qui s'avance et les pays, les biens, les populations qu'il menace d'envahir et de ravager.

Eh bien, mes frères, je n'hésite pas à le dire, ce moment est venu pour nous. Les sacrifices que la guerre actuelle réclame de nous sont des *sacrifices de justice;* notre devoir est de les accomplir. Que celui qui peut donner sa vie la donne, sans chercher par d'égoïstes calculs à laisser à d'autres le privilége de s'exposer pour la patrie. Jeunes gens, que votre âge désigne les premiers pour la défense du pays ; et vous aussi, hommes mûrs, que la loi vient réclamer pour la carrière du sacrifice, n'hésitez pas. Nous vous suivrons de nos sympathies, de nos prières, de nos vœux. Vous savez quel accueil vous attendra au retour, quelle admiration et quels regrets, si vous tombez vaillamment, victimes du devoir. Allez, et que la perspective du sacrifice, la nécessité du dévouement élèvent vos âmes vers celui qui est notre délivrance et « le rocher de notre salut. » Il est beau, et bon et salutaire de savoir exposer sa vie pour la défense de son pays. Se donner pour l'amour d'une cause juste, c'est se donner pour l'amour du Dieu qui est la justice même, et « celui qui perdra sa vie pour l'amour de lui, » nous dit Jésus, « c'est celui-là même qui la sauvera. »

J'entends bien et je comprends les réclamations de vos cœurs. Mais tout sacrifice est un déchirement ; et celui qui veut être fidèle à l'Evangile ne doit pas hésiter dans cette voie ; l'égoïsme est l'abaissement et le déshonneur de notre nature ; on est à peine digne de vivre, quand on ne sait pas mourir. C'est la loi évangélique : « Celui qui voudra sauver sa vie la perdra. » La vie, en effet, ce n'est pas seulement l'existence terrestre : c'est la grandeur de l'âme, c'est le devoir, c'est l'immortalité ; et celui-là seul vit de la vie réelle et impérissable, qui sait réaliser toute sa mission spirituelle et morale conformément à la volonté de Dieu.

Je sais bien que l'élan du dévouement est souvent paralysé par l'appréhension de l'insuccès, et que bien des voix décourageantes se font entendre aujourd'hui : Il est tant de natures médiocres qui ne s'enflamment pour une cause juste qu'autant qu'elle est soutenue par le succès. Et cependant les plus grandes et les plus nobles causes ont souvent eu contre elles le droit de la force. Ne nous laissons donc point décourager ; comptons sur les merveilles que l'énergie morale peut accomplir ; comptons sur les retours inattendus des événements ou, pour mieux dire, de la Providence. Elle ne délaisse jamais bien longtemps une cause juste. Ce n'est pas en vain qu'un peuple lui présente des sacrifices de justice. Celui-là seul mérite d'être abandonné d'elle, qui s'est le premier abandonné lui-même. Ne nous montrons donc point lâches et découragés ; si le relèvement de la France est au prix de grands actes de dévouement, sachons les accomplir, et dans tous les cas rappelons-nous qu'aux yeux de Dieu et aux yeux de l'histoire une nation qui succombe pour la défense de la justice est plus grande que celle qui s'endort dans la mollesse et le repos et que celle qui triomphe dans l'iniquité.

« Confiez-vous en l'Eternel, » nous dit la fin de mon texte.

La foi à laquelle il nous exhorte fut une des vertus caractéristiques de nos pères. Ils ne virent se lever pour la France entière, qu'ils aimaient tant, ni le jour de l'Evangile ni celui de la

liberté. Mais ils ne désespérèrent jamais, et aujour-
d'hui leur espoir est en partie réalisé. Quels que
soient les retours du despotisme, la France a
adopté la liberté de conscience, racine de toutes
les libertés. Elle est encore loin sans doute de
l'Evangile. Mais pourquoi nous interdirions-nous
l'espérance de le lui voir un jour saisir et adopter
aussi? Les malheurs mêmes qui la frappent en ce
moment ne sont-ils pas pour elle un appel solen-
nel, et ne peuvent-ils pas lui ouvrir la voie vers
de nouvelles destinées religieuses et morales?

Oh! comme il est précieux et doux de savoir que
c'est Dieu, après tout, qui dispose du sort des nations, et de pouvoir avec assurance, au sein même
des plus grandes calamités, se confier en l'Eternel!
Confions-nous donc en lui, et attendons, avec une
ferme espérance, la solution qu'il prépare aux événements actuels.

Espérons que par notre persévérance, par notre
union patriotique, par l'unanimité de nos efforts,
par la sagesse de nos sentiments, nous obtiendrons
enfin, de l'ennemi qui nous étreint, une paix accep-
table.

Espérons qu'instruites par l'épreuve qui les
frappe à des degrés divers, les deux grandes nations qui s'entrechoquent feront sur elles-mêmes
un sérieux retour, et sentiront le besoin de passer
par une régénération efficace : l'une, pour être
délivrée de son sensualisme et de cette fatale
légèreté qui l'a menée jusqu'au bord de l'abîme;
l'autre, pour renoncer à ce culte de la force, à
cette ambition froide et dissimulée, qui sont si

2

peu en harmonie avec l'esprit évangélique et protestant.

Espérons qu'après avoir provoqué la manifestation de toute l'énergie dont nous sommes capables, et après nous avoir coûté tous les sacrifices qu'une nation peut s'imposer, cette guerre sera la dernière que nous nous résignerons à accepter, sans y être contraints par le sentiment d'un devoir absolu et par l'opinion des autres nations.

Espérons qu'au prestige de la gloire militaire, qu'un jour de défaite voit s'évanouir, la France préférera désormais la gloire solide et impérissable que donne la poursuite ardente du règne de la justice et de l'union sociale, sur le fondement de la probité politique et de l'honnêteté des mœurs.

Espérons enfin, mes frères, nous membres des Eglises réformées, que notre chère France, à laquelle nos pères ont tant donné de leur sang, et pour laquelle nous n'hésiterons pas à répandre le nôtre, quand nous y serons appelés, espérons que la France ne concevra pas une aveugle aversion pour les principes du protestantisme évangélique, parce qu'un souverain protestant soulève contre lui une si légitime indignation.

Ne comprendra-t-elle pas plutôt que ce qui fait une nation vraiment grande et puissante, ce sont précisément ces principes de responsabilité individuelle, de discipline personnelle, de forte culture intellectuelle et morale qui caractérisent le protestantisme bien entendu ?

Ah ! laissez-moi le dire, combien sans doute les destinées de la France n'auraient-elles pas été différentes, si elle n'avait pas violemment foulé à ses pieds l'œuvre de la Réformation ! Retranchez de son passé la Saint-Barthélemy, les dragonnades, la révocation de l'édit de Nantes, ces grandes iniquités royales ; effacez de son histoire tous les supplices infligés à nos ancêtres pour leur fidélité à leur conscience et à leur foi ; et au lieu de ces fatales journées de la fin du dernier siècle, où nous voyons un peuple en délire répandre des flots de sang au pied de la statue de la liberté, nous aimons à nous représenter le développement graduel et paisible d'institutions en harmonie avec les besoins nouveaux ; au lieu de cette réaction militaire, de cette sanglante épopée qui vint ensuite et dont s'enivra notre jeune imagination, nous voyons la nation française, en paix avec l'Europe, se préoccuper plutôt de porter au loin les bienfaits de la civilisation évangélique. Et aujourd'hui... Ah ! mes frères, que nous serions loin de l'état déplorable où la main de Dieu nous a laissés tomber ! Qui nous dira tout ce que la transformation religieuse de la France lui eût valu de bienfaits moraux et sociaux, lui eût économisé de sang, lui eût communiqué de force ?

Mais pourquoi regarder au passé ? Tournons-nous-nous plutôt vers l'avenir. Nous ne sommes pas de ceux qui pensent que sur notre vieux sol gaulois ne peuvent germer ni des institutions ni des mœurs nouvelles. Dieu n'a-t-il pas le pouvoir de transformer et de régénérer les peuples, comme il transforme et régénère les individus ? Confions-nous seulement en lui et regardons à lui. Ne

tient-il pas en nos mains ses destinées ? Ne peut-il
pas incliner le cœur des rois, comme celui des
nations, vers la paix, vers la sagesse et vers la
piété ? Que cette confiance nous soutienne, et qu'elle
nous excite à réaliser promptement et abondam-
ment ces « sacrifices de justice » que la patrie
attend et que Dieu réclame de nous.

Oui, mes frères, à l'exemple de nos pères qui
savaient tout donner pour l'Evangile, qu'ils ser-
vaient, et pour leur conscience, à laquelle ils obéis-
saient, sachons beaucoup donner en ce moment
pour la France, que nous aimons, sur les malheurs
de laquelle nous pleurons et au relèvement de laquelle nous travaillons.

Donnons pour le soulagement de nos soldats blessés, victimes dans une lutte inégale, où le cou-
rage doit désormais suppléer à l'expérience, et où
nous les accompagnons de nos vœux, de nos prières et de notre foi.

Donnons pour le soulagement de tant de familles
appauvries et privées de leurs soutiens, depuis qu'à
la suite d'autres fléaux, celui de la guerre est venu
se déchaîner au milieu de nous.

Donnez, mes frères, vous tous qu'appelle la loi,
donnez votre énergique concours pour la délivrance de la capitale. Paris vous tend ses bras et
invoque votre assistance. Représentez-vous son
frémissement et ses angoisses au milieu de ce cer-
cle de fer et de feu dont l'entoure notre implacable
ennemi. N'oubliez pas que la ville la plus frivole

du monde nous présente aujourd'hui l'exemple de l'héroïsme et de tous les sacrifices. Elle, naguère si florissante, si fière de toutes ses merveilles, elle est prête maintenant à affronter les plus dures extrémités. Mais elle a besoin de nous. La laisserons-nous succomber sans nous ébranler tous ensemble? Serons-nous assez timides ou assez découragés pour hésiter à marcher à son secours?...

Ah ! je sais bien ce qu'il en coûte de s'engager dans cette voie des sacrifices; ce qu'il en coûte au cœur des pères, des mères, des enfants. Et qui mieux que nous, ministres de l'Evangile, peut d'ailleurs apprécier la valeur de la paix? Mais il ne dépend de nous ni de l'imposer aux rois ni de supprimer les devoirs des citoyens. Aussi, en attendant que nous puissions nous répéter les uns aux autres, dans une allégresse commune, cette salutaire parole gravée sur la première page de l'Evangile : « Paix sur la terre, » nous vous répéterons avec le Psalmiste : « Sacrifiez des sacrifices de justice, et confiez-vous en l'Eternel. »

Confiez-vous en sa justice. Il ne permettra pas que tous nos sacrifices soient inutiles et vains. Dussions-nous succomber encore sur les champs de bataille, nous grandirons à chaque effort, et notre relèvement moral sera toujours en proportion de notre dévouement.

Confiez-vous en la bonté de l'Eternel. Quelque horreur que nous inspire la guerre, en la permettant Dieu n'a pas cessé d'être miséricordieux et bon. Ses desseins sont toujours inspirés par son amour. Puisqu'il appelle encore nos frères à s'arracher à leurs familles et à marcher au combat, croyons que cette austère existence vaut mieux pour leurs âmes que le repos et les jouissances de la paix ; espérons qu'à la veille de la bataille, au bruit du canon, à la vue de leurs compagnons atteints par le fer de l'ennemi, s'ils ne sont pas eux-mêmes frappés, leurs pensées, plus graves que dans les jours tranquilles, leurs cœurs plus émus, leurs consciences réveillées s'élèveront silencieusement vers Christ et murmureront avec une secrète ferveur ces prières qui restent gravées dans l'âme pour lui rappeler jusqu'à la fin qu'il lui faut un Sauveur et un appui.

Oui, pères et mères, parents et amis, à travers tous les périls, Dieu veille sur les êtres qui vous sont chers ; il poursuit en leur faveur, comme envers nous, le grand dessein du salut. Grâce à lui, nos jours les plus sombres doivent devenir pour nos âmes des jours bénis, du moins si nous savons être fidèles. Puissions-nous l'être toujours et en toutes choses. Puissent nos soldats faire tout leur devoir, en regardant à la croix de Christ et en se confiant en l'Eternel ! Puissent nos chers captifs penser souvent à la patrie céleste, pour supporter la douleur d'être privés de leur patrie d'ici-bas ! Puissent nos populations ravagées et dépossédées aujourd'hui de leurs droits sacrés, chercher leur consolation dans la piété, en attendant le jour de la délivrance ! Puissent nos villes assiégées se faire de tous les secours et de toutes les grâces de l'Evangile un rempart et un bouclier contre les calamités qui les ont atteintes ou qui les menacent !

Puissent ceux qui souffrent et ceux qui meurent chercher et trouver leur force et leur espérance en Celui qui est « mort pour nos offenses et qui est ressuscité pour notre justification ! » Et nous, puissions-nous ne pas cesser un instant d'intercéder pour eux tous; et daigne l'Eternel nous accorder le triomphe de nos armes pour amener bientôt le triomphe de la paix ! Amen.